TRANZLATY

Sprache ist für alle da

语言属于每个人

Die Schöne und das Biest

美女与野兽

Gabrielle-Suzanne Barbot de Villeneuve

Deutsch / 普通话

Copyright © 2025 Tranzlaty
All rights reserved
Published by Tranzlaty
ISBN: 978-1-80572-003-4
Original text by Gabrielle-Suzanne Barbot de Villeneuve
La Belle et la Bête
First published in French in 1740
Taken from The Blue Fairy Book (Andrew Lang)
Illustration by Walter Crane
www.tranzlaty.com

Es war einmal ein reicher Kaufmann
从前有一个富商人
dieser reiche Kaufmann hatte sechs Kinder
这位富商有六个孩子
Er hatte drei Söhne und drei Töchter
他有三个儿子和三个女儿
Er hat keine Kosten für ihre Ausbildung gescheut
他不惜一切代价来教育他们
weil er ein vernünftiger Mann war
因为他是一个有理智的人
aber er gab seinen Kindern viele Diener
但他给了他的孩子很多仆人
seine Töchter waren überaus hübsch
他的女儿们非常漂亮
und seine jüngste Tochter war besonders hübsch
他的小女儿特别漂亮
Schon als Kind wurde ihre Schönheit bewundert
小时候她的美貌就受到人们的赞赏
und die Leute nannten sie nach ihrer Schönheit
人们以她的美貌称呼她
Ihre Schönheit verblasste nicht, als sie älter wurde
她的美丽并没有随着年龄的增长而消退
Deshalb nannten die Leute sie weiterhin wegen ihrer Schönheit
所以人们一直用她的美貌来称呼她
das machte ihre Schwestern sehr eifersüchtig
这让她的姐妹们非常嫉妒
Die beiden ältesten Töchter waren sehr stolz
两个大女儿非常自豪
Ihr Reichtum war die Quelle ihres Stolzes
他们的财富是他们骄傲的源泉
und sie verbargen ihren Stolz nicht
他们也不掩饰自己的骄傲
Sie besuchten nicht die Töchter anderer Kaufleute

他们没有拜访其他商人的女儿
weil sie nur mit Aristokraten zusammentreffen
因为他们只与贵族会面
Sie gingen jeden Tag zu Partys
他们每天都出去参加聚会
Bälle, Theaterstücke, Konzerte usw.
舞会、戏剧、音乐会等
und sie lachten über ihre jüngste Schwester
他们嘲笑他们最小的妹妹
weil sie die meiste Zeit mit Lesen verbrachte
因为她大部分时间都在读书
Es war allgemein bekannt, dass sie reich waren
众所周知他们很富有
so hielten mehrere bedeutende Kaufleute um ihre Hand an
于是有几位知名商人向他们求助
aber sie sagten, sie würden nicht heiraten
但他们说他们不会结婚
aber sie waren bereit, einige Ausnahmen zu machen
但他们准备做出一些例外
„Vielleicht könnte ich einen Herzog heiraten"
"也许我可以嫁给一位公爵"
„Ich schätze, ich könnte einen Grafen heiraten"
"我想我可以嫁给一位伯爵"
Schönheit dankte sehr höflich denen, die ihr einen Antrag gemacht hatten
美女很有礼貌地感谢那些向她求婚的人
Sie sagte ihnen, sie sei noch zu jung zum Heiraten
她告诉他们她还太年轻，不适合结婚
Sie wollte noch ein paar Jahre bei ihrem Vater bleiben
她想和父亲多呆几年
Auf einmal verlor der Kaufmann sein Vermögen
商人一下子失去了他的财富
er verlor alles außer einem kleinen Landhaus
除了一栋乡间小别墅外，他失去了一切

und er sagte seinen Kindern mit Tränen in den Augen:
他热泪盈眶地告诉他的孩子们：
„Wir müssen aufs Land gehen"
"我们必须去乡下"
„und wir müssen für unseren Lebensunterhalt arbeiten"
"我们必须工作才能生存"
die beiden ältesten Töchter wollten die Stadt nicht verlassen
两个大女儿不想离开小镇
Sie hatten mehrere Liebhaber in der Stadt
他们在城里有几个情人
und sie waren sicher, dass einer ihrer Liebhaber sie heiraten würde
她们确信她们的情人中一定会有一个娶她们为妻
Sie dachten, ihre Liebhaber würden sie heiraten, auch wenn sie kein Vermögen hätten
她们认为即使自己没有财产，爱人也会娶她们为妻
aber die guten Damen haben sich geirrt
但这些好心的女士们错了
Ihre Liebhaber verließen sie sehr schnell
他们的爱人很快就抛弃了他们
weil sie kein Vermögen mehr hatten
因为他们再也没有财富了
das zeigte, dass sie nicht wirklich beliebt waren
这表明他们实际上并不受欢迎
alle sagten, sie verdienen kein Mitleid
大家都说他们不值得同情
„Wir sind froh, dass ihr Stolz gedemütigt wurde"
"我们很高兴看到他们的骄傲被贬低了"
„Lasst sie stolz darauf sein, Kühe zu melken"
"让他们为挤牛奶而感到自豪"
aber sie waren um Schönheit besorgt
但他们关心的是美丽
sie war so ein süßes Geschöpf
她真是一个可爱的人

Sie sprach so freundlich zu armen Leuten
她对穷人说话很亲切
und sie war von solch unschuldiger Natur
她天性如此纯真
Mehrere Herren hätten sie geheiratet
很多绅士都会娶她
Sie hätten sie geheiratet, obwohl sie arm war
尽管她很穷，他们也会娶她
aber sie sagte ihnen, sie könne sie nicht heiraten
但她告诉他们她不能嫁给他们
weil sie ihren Vater nicht verlassen wollte
因为她不愿离开她的父亲
sie war entschlossen, mit ihm aufs Land zu fahren
她决心和他一起去乡下
damit sie ihn trösten und ihm helfen konnte
以便她能安慰和帮助他
Die arme Schönheit war zunächst sehr betrübt
可怜的美女一开始很伤心
sie war betrübt über den Verlust ihres Vermögens
她因失去财产而悲痛
„Aber Weinen wird mein Schicksal nicht ändern"
"但哭泣不会改变我的命运"
„Ich muss versuchen, ohne Reichtum glücklich zu sein"
"即使没有财富，我也必须努力让自己快乐"
Sie kamen zu ihrem Landhaus
他们来到了乡间别墅
und der Kaufmann und seine drei Söhne widmeten sich der Landwirtschaft
商人和他的三个儿子致力于农业
Schönheit stand um vier Uhr morgens auf
美丽在凌晨四点升起
und sie beeilte sich, das Haus zu putzen
她赶紧打扫房子
und sie sorgte dafür, dass das Abendessen fertig war

她确保晚餐准备好了
ihr neues Leben fiel ihr zunächst sehr schwer
一开始她发现新生活非常困难
weil sie diese Arbeit nicht gewohnt war
因为她还不习惯这样的工作
aber in weniger als zwei Monaten wurde sie stärker
但不到两个月她就变得更强壮了
und sie war gesünder als je zuvor
她比以前更健康了
nachdem sie ihre arbeit erledigt hatte, las sie
做完作业后她读了
sie spielte Cembalo
她弹奏大键琴
oder sie sang, während sie Seide spann
或者她一边唱歌一边纺丝
im Gegenteil, ihre beiden Schwestern wussten nicht, wie sie ihre Zeit verbringen sollten
相反，她的两个姐姐不知道如何打发时间
Sie standen um zehn auf und taten den ganzen Tag nichts anderes als herumzufaulenzen
他们十点起床，整天无所事事，只是懒散地度过
Sie beklagten den Verlust ihrer schönen Kleider
他们为失去漂亮的衣服而感到悲痛
und sie beklagten sich über den Verlust ihrer Bekannten
他们抱怨失去熟人
„Schau dir unsere jüngste Schwester an", sagten sie zueinander
他们互相说道："看看我们最小的妹妹。"
„Was für ein armes und dummes Geschöpf sie ist"
"她真是一个可怜又愚蠢的人"
„Es ist gemein, mit so wenig zufrieden zu sein"
"满足于如此之少是卑鄙的"
der freundliche Kaufmann war ganz anderer Meinung
这位好心的商人却持不同意见

er wusste sehr wohl, dass Schönheit ihre Schwestern übertraf
他很清楚，她的美丽胜过她的姐妹们
Sie übertraf sie sowohl charakterlich als auch geistig
她的性格和思想都比他们出色
er bewunderte ihre Bescheidenheit und ihre harte Arbeit
他钦佩她的谦逊和勤奋
aber am meisten bewunderte er ihre Geduld
但他最钦佩的是她的耐心
Ihre Schwestern überließen ihr die ganze Arbeit
她的姐姐们把所有的工作都留给了她
und sie beleidigten sie ständig
他们时刻侮辱她
Die Familie hatte etwa ein Jahr lang so gelebt
这家人这样生活了大约一年
dann bekam der Kaufmann einen Brief von einem Buchhalter
然后商人收到一封会计师的信
er hatte in ein Schiff investiert
他投资了一艘船
und das Schiff war sicher angekommen
船已安全抵达
diese Nachricht ließ die beiden ältesten Töchter staunen
这消息让两个大女儿大吃一惊
Sie hatten sofort die Hoffnung, in die Stadt zurückzukehren
他们立刻有了返回城镇的希望
weil sie des Landlebens überdrüssig waren
因为他们已经厌倦了乡村生活
Sie gingen zu ihrem Vater, als er ging
父亲正要离开时，他们去了他那里
Sie baten ihn, ihnen neue Kleider zu kaufen
他们求他给他们买新衣服
Kleider, Bänder und allerlei Kleinigkeiten
裙子、丝带和各种小东西

aber die Schönheit verlangte nichts
但美丽却不求回报
weil sie dachte, das Geld würde nicht reichen
因为她认为钱不够
es würde nicht reichen, um alles zu kaufen, was ihre Schwestern wollten
没有足够的钱来购买她姐妹们想要的所有东西
„Was möchtest du, Schönheit?", fragte ihr Vater
"美女，你想要什么？"父亲问。
"Danke, Vater, dass du so nett bist, an mich zu denken", sagte sie
"谢谢爸爸，谢谢你对我的关心。"她说
„Vater, sei so freundlich und bring mir eine Rose mit"
"爸爸，请送我一朵玫瑰花吧"
„weil hier im Garten keine Rosen wachsen"
"因为花园里没有玫瑰"
„und Rosen sind eine Art Rarität"
"玫瑰是一种珍品"
Schönheit mochte Rosen nicht wirklich
美女并不在乎玫瑰
sie bat nur um etwas, um ihre Schwestern nicht zu verurteilen
她只是要求不要谴责她的姐妹们
aber ihre Schwestern dachten, sie hätte aus anderen Gründen nach Rosen gefragt
但她的姐妹们认为她要玫瑰花是出于其他原因
„Sie hat es nur getan, um besonders auszusehen"
"她这么做只是为了显得特别"
Der freundliche Mann machte sich auf die Reise
这位善良的男子继续他的旅程
aber als er ankam, stritten sie über die Ware
但当他到达时，他们就商品发生争执
und nach viel Ärger kam er genauso arm zurück wie zuvor
经过一番折腾，他又回来了，和以前一样穷困潦倒

er war nur ein paar Stunden von seinem eigenen Haus entfernt
他离家只有几个小时的车程
und er stellte sich schon die Freude vor, seine Kinder zu sehen
他已经想象到看到孩子们的喜悦
aber als er durch den Wald ging, verirrte er sich
但当他穿过森林时他迷路了
es hat furchtbar geregnet und geschneit
雨雪交加
der Wind war so stark, dass er ihn vom Pferd warf
风太大了,把他从马上吹下来
und die Nacht kam schnell
夜幕很快降临
er begann zu glauben, er müsse verhungern
他开始担心自己可能会饿死
und er dachte, er könnte erfrieren
他觉得自己可能会被冻死
und er dachte, Wölfe könnten ihn fressen
他认为狼可能会吃掉他
die Wölfe, die er um sich herum heulen hörte
他听到周围狼嚎叫
aber plötzlich sah er ein Licht
但突然间他看到了一道光
er sah das Licht in der Ferne durch die Bäume
他透过树木看见远处的光
als er näher kam, sah er, dass das Licht ein Palast war
当他走近时,他发现光是一座宫殿
der Palast war von oben bis unten beleuchtet
宫殿从上到下都灯火通明
Der Kaufmann dankte Gott für sein Glück
商人感谢上帝给了他好运
und er eilte zum Palast
他赶紧去了宫殿

aber er war überrascht, keine Leute im Palast zu sehen
但他惊讶地发现宫殿里没有人
der Hof war völlig leer
院子里空无一人
und nirgendwo ein Lebenszeichen
任何地方都没有生命迹象
sein Pferd folgte ihm in den Palast
他的马跟着他进了宫殿
und dann fand sein Pferd großen Stall
然后他的马找到了一个大马厩
das arme Tier war fast verhungert
这只可怜的动物几乎饿死了
also ging sein Pferd hinein, um Heu und Hafer zu finden
于是他的马就去找干草和燕麦
zum Glück fand er reichlich zu essen
幸运的是他找到了很多吃的
und der Kaufmann band sein Pferd an die Krippe
商人把马拴在马槽边
Als er zum Haus ging, sah er niemanden
走向房子时他没有看到任何人
aber in einer großen Halle fand er ein gutes Feuer
但在大厅里他发现了一堆好火
und er fand einen Tisch für eine Person gedeckt
他找到一张单人桌
er war nass vom Regen und Schnee
他被雨雪淋湿了
Also ging er zum Feuer, um sich abzutrocknen
于是他走到火边烤干身体
„Ich hoffe, der Hausherr entschuldigt mich"
"希望主人能原谅我"
„Ich schätze, es wird nicht lange dauern, bis jemand auftaucht."
"我想很快就会有人出现了。"
Er wartete eine beträchtliche Zeit

他等了相当长一段时间
er wartete, bis es elf schlug, und noch immer kam niemand
他一直等到十一点,还是没人来
Schließlich war er so hungrig, dass er nicht länger warten konnte
最后他饿得再也等不及了
er nahm ein Hühnchen und aß es in zwei Bissen
他拿了一些鸡肉,两口就吃了下去
er zitterte beim Essen
他吃东西的时候浑身发抖
danach trank er ein paar Gläser Wein
之后他喝了几杯酒
Er wurde mutiger und verließ den Saal
他鼓起勇气走出了大厅
und er durchquerte mehrere große Hallen
他穿过了几个大厅
Er ging durch den Palast, bis er in eine Kammer kam
他穿过宫殿,来到一个房间
eine Kammer, in der sich ein überaus gutes Bett befand
房间里有一张非常舒适的床
er war von der Tortur sehr erschöpft
他因这场磨难而疲惫不堪
und es war schon nach Mitternacht
当时已经过了午夜
also beschloss er, dass es das Beste sei, die Tür zu schließen
所以他决定最好关上门
und er beschloss, dass er zu Bett gehen sollte
他决定去睡觉了
Es war zehn Uhr morgens, als der Kaufmann aufwachte
商人醒来时是早上十点
gerade als er aufstehen wollte, sah er etwas
正当他要起身时,他看见了一些东西
er war erstaunt, saubere Kleidung zu sehen
他惊讶地看到一套干净的衣服

an der Stelle, wo er seine schmutzigen Kleider
zurückgelassen hatte
在他放脏衣服的地方
"Mit Sicherheit gehört dieser Palast einer netten Fee"
"这座宫殿肯定是属于某位善良的仙女的"
„eine Fee, die mich gesehen und bemitleidet hat"
"一位仙女看见了我并可怜我"
er sah durch ein Fenster
他透过窗户往里看
aber statt Schnee sah er den herrlichsten Garten
但他看到的不是雪，而是最美丽的花园
und im Garten waren die schönsten Rosen
花园里有最美丽的玫瑰
dann kehrte er in die große Halle zurück
然后他回到了大厅
der Saal, in dem er am Abend zuvor Suppe gegessen hatte
他前一天晚上喝汤的大厅
und er fand etwas Schokolade auf einem kleinen Tisch
他在小桌子上发现了一些巧克力
„Danke, liebe Frau Fee", sagte er laut
"谢谢您，好仙女，"他大声说道。
„Danke für Ihre Fürsorge"
"谢谢你这么关心"
„Ich bin Ihnen für all Ihre Gefälligkeiten äußerst dankbar"
"我非常感谢你的帮助"
Der freundliche Mann trank seine Schokolade
这位好心人喝了他的巧克力
und dann ging er sein Pferd suchen
然后他去找他的马
aber im Garten erinnerte er sich an die Bitte der Schönheit
但在花园里他想起了美女的请求
und er schnitt einen Rosenzweig ab
他砍下一枝玫瑰
sofort hörte er ein lautes Geräusch

他立刻听到了巨大的响声
und er sah ein furchtbar furchtbares Tier
他看到了一只非常可怕的野兽
er war so erschrocken, dass er kurz davor war, ohnmächtig zu werden
他吓得快晕过去了
„Du bist sehr undankbar", sagte das Tier zu ihm
"你太不知感恩了，" 野兽对他说
und das Tier sprach mit schrecklicher Stimme
野兽用可怕的声音说话
„Ich habe dein Leben gerettet, indem ich dich in mein Schloss gelassen habe"
"我让你进入我的城堡，救了你的命"
"und dafür stiehlst du mir im Gegenzug meine Rosen?"
"而你就为了这个偷走了我的玫瑰花？"
„Die Rosen sind für mich mehr wert als alles andere"
"我最珍视的玫瑰"
„Aber du wirst für das, was du getan hast, sterben"
"但你会因你所做的事而死"
„Ich gebe Ihnen nur eine Viertelstunde, um sich vorzubereiten"
"我只给你一刻钟的时间准备"
„Bereiten Sie sich auf den Tod vor und sprechen Sie Ihre Gebete"
"做好死亡的准备并祈祷"
der Kaufmann fiel auf die Knie
商人跪倒在地
und er hob beide Hände
他举起双手
„Mein Herr, ich flehe Sie an, mir zu vergeben"
"大人，请您原谅我"
„Ich hatte nicht die Absicht, Sie zu beleidigen"
"我无意冒犯你"
„Ich habe für eine meiner Töchter eine Rose gepflückt"

"我为我的一个女儿采了一朵玫瑰"
„Sie bat mich, ihr eine Rose mitzubringen"
"她让我给她带一朵玫瑰"
„Ich bin nicht euer Herr, sondern ein Tier", antwortete das Monster
"我不是你的主人，我是一头野兽。"怪物回答道
„Ich mag keine Komplimente"
"我不喜欢赞美"
„Ich mag Menschen, die so sprechen, wie sie denken"
"我喜欢说话直率的人"
„glauben Sie nicht, dass ich durch Schmeicheleien bewegt werden kann"
"别以为我能被奉承打动"
„Aber Sie sagen, Sie haben Töchter"
"但你说你有女儿"
„Ich werde dir unter einer Bedingung vergeben"
"我原谅你，但有一个条件"
„Eine deiner Töchter muss freiwillig in meinen Palast kommen"
"你的一个女儿必须自愿来到我的宫殿"
"und sie muss für dich leiden"
"她必须为你受苦"
„Gib mir Dein Wort"
"请允许我向你保证"
„Und dann können Sie Ihren Geschäften nachgehen"
"然后你就可以去做你的事了"
„Versprich mir das:"
"答应我："
„Wenn Ihre Tochter sich weigert, für Sie zu sterben, müssen Sie innerhalb von drei Monaten zurückkehren"
"如果你的女儿不肯为你而死，你必须在三个月内回来"
der Kaufmann hatte nicht die Absicht, seine Töchter zu opfern

商人无意牺牲自己的女儿
aber da ihm Zeit gegeben wurde, wollte er seine Töchter noch einmal sehen
但既然有时间，他想再见见女儿们
also versprach er, dass er zurückkehren würde
所以他答应他会回来
und das Tier sagte ihm, er könne aufbrechen, wann er wolle
野兽告诉他，他可以随时出发
und das Tier erzählte ihm noch etwas
野兽又告诉他一件事
„Du sollst nicht mit leeren Händen gehen"
"你不会空手而归"
„Geh zurück in das Zimmer, in dem du lagst"
"回到你躺着的房间去"
„Sie werden eine große leere Schatzkiste sehen"
"你会看到一个巨大的空宝箱"
„Fülle die Schatzkiste mit allem, was Dir am besten gefällt"
"用你最喜欢的东西填满宝箱"
„und ich werde die Schatzkiste zu Dir nach Hause schicken"
"我会把宝箱送到你家"
und gleichzeitig zog sich das Tier zurück
与此同时，野兽撤退了
„Nun", sagte sich der gute Mann
"好吧，" 好人自言自语道。
„Wenn ich sterben muss, werde ich meinen Kindern wenigstens etwas hinterlassen"
"如果我必须死，我至少会给我的孩子留下一些东西"

so kehrte er ins Schlafzimmer zurück
于是他回到卧室
und er fand sehr viele Goldstücke
他发现了许多金币
er füllte die Schatzkiste, die das Tier erwähnt hatte
他装满了野兽提到的宝箱

und er holte sein Pferd aus dem Stall
他把马从马厩里牵出来
die Freude, die er beim Betreten des Palastes empfand, war nun genauso groß wie die Trauer, die er beim Verlassen des Palastes empfand
他进入宫殿时的喜悦现在等于离开宫殿时的悲伤
Das Pferd nahm einen der Wege im Wald
马走上了森林的一条路
und in wenigen Stunden war der gute Mann zu Hause
几个小时后，这位好心人就回家了
seine Kinder kamen zu ihm
他的孩子们来到他身边
aber anstatt ihre Umarmungen mit Freude entgegenzunehmen, sah er sie an
但他并没有高兴地接受他们的拥抱，而是看着他们
er hielt den Ast hoch, den er in den Händen hielt
他举起手中的树枝
und dann brach er in Tränen aus
然后他泪流满面
„Schönheit", sagte er, „nimm bitte diese Rosen"
"美女，"他说，"请收下这些玫瑰"
„Sie können nicht wissen, wie teuer diese Rosen waren"
"你不知道这些玫瑰有多贵"
„Diese Rosen haben deinen Vater das Leben gekostet"
"这些玫瑰害死了你父亲"
und dann erzählte er von seinem tödlichen Abenteuer
然后他讲述了他的致命冒险
Sofort schrien die beiden ältesten Schwestern
两个姐姐立刻叫了起来
und sie sagten viele gemeine Dinge zu ihrer schönen Schwester
他们对他们美丽的妹妹说了很多刻薄的话
aber die Schönheit weinte überhaupt nicht
但美女一点都没哭

„Seht euch den Stolz dieses kleinen Schurken an", sagten sie
"看看这个小家伙的骄傲，"他们说
„Sie hat nicht nach schönen Kleidern gefragt"
"她并不要求穿华丽的衣服"
„Sie hätte tun sollen, was wir getan haben"
"她应该像我们一样"
„Sie wollte sich hervortun"
"她想让自己与众不同"
„so wird sie nun den Tod unseres Vaters bedeuten"
"所以现在她将成为我们父亲的死敌"
„und doch vergießt sie keine Träne"
"但她却没有流一滴泪"
"Warum sollte ich weinen?", antwortete die Schönheit
美女回答："我为什么要哭？"
„Weinen wäre völlig unnötig"
"哭泣是没有必要的"
„Mein Vater wird nicht für mich leiden"
"我父亲不会为我受苦"
„Das Monster wird eine seiner Töchter akzeptieren"
"怪物会接受他的一个女儿"
„Ich werde mich seiner ganzen Wut aussetzen"
"我将献出自己，承受他所有的愤怒"
„Ich bin sehr glücklich, denn mein Tod wird das Leben meines Vaters retten"
"我很高兴，因为我的死将挽救我父亲的生命"
„Mein Tod wird ein Beweis meiner Liebe sein"
"我的死将证明我的爱"
„Nein, Schwester", sagten ihre drei Brüder
三个哥哥都说："不，姐姐。"
„das darf nicht sein"
"那不可能"
„Wir werden das Monster finden"
"我们去找怪物"

"und entweder wir werden ihn töten..."
"要么我们就杀了他……"

„... oder wir werden bei dem Versuch umkommen"
"...否则我们将在尝试中灭亡"

„Stellt euch nichts dergleichen vor, meine Söhne", sagte der Kaufmann
"别想这些,我的孩子,"商人说。

„Die Kraft des Biests ist so groß, dass ich keine Hoffnung habe, dass Ihr es besiegen könntet."
"这头野兽的力量太强大了,我不认为你能战胜他"

„Ich bin entzückt von dem freundlichen und großzügigen Angebot der Schönheit"
"我被美女的善良和慷慨所吸引"

„aber ich kann ihre Großzügigkeit nicht annehmen"
"但我不能接受她的慷慨"

„Ich bin alt und habe nicht mehr lange zu leben"
"我老了,活不了多久了"

„also kann ich nur ein paar Jahre verlieren"
"所以我只能损失几年"

„Zeit, die ich für euch bereue, meine lieben Kinder"
"我为你们感到遗憾的时刻,我亲爱的孩子们"

„Aber Vater", sagte die Schönheit
美女说:"可是爸爸。"

„Du sollst nicht ohne mich in den Palast gehen"
"没有我陪同,你不能去宫殿"

„Du kannst mich nicht davon abhalten, dir zu folgen"
"你不能阻止我跟随你"

nichts könnte Schönheit vom Gegenteil überzeugen
没有什么能够改变美丽

Sie bestand darauf, in den schönen Palast zu gehen
她坚持要去那座美丽的宫殿

und ihre Schwestern waren erfreut über ihre Beharrlichkeit
她的姐妹们对她的坚持感到高兴

Der Kaufmann war besorgt bei dem Gedanken, seine

Tochter zu verlieren
商人担心会失去女儿
er war so besorgt, dass er die Truhe voller Gold vergessen hatte
他太担心了，忘记了装满金子的箱子
Abends begab er sich zur Ruhe und schloss die Tür seines Zimmers.
晚上他休息，关上房门。
Dann fand er zu seinem großen Erstaunen den Schatz neben seinem Bett.
然后，令他大为惊讶的是，他在床边发现了宝藏
er war entschlossen, es seinen Kindern nicht zu erzählen
他决心不告诉他的孩子
Wenn sie es gewusst hätten, wären sie in die Stadt zurückgekehrt
如果他们知道的话，他们就会想回到城里
und er war entschlossen, das Land nicht zu verlassen
他决心不离开乡村
aber er vertraute der Schönheit das Geheimnis
但他相信美丽能带来秘密
Sie teilte ihm mit, dass zwei Herren gekommen seien
她告诉他有两位先生来了
und sie machten ihren Schwestern einen Heiratsantrag
他们向她的姐妹们求婚
Sie bat ihren Vater, ihrer Heirat zuzustimmen
她恳求父亲同意他们的婚事
und sie bat ihn, ihnen etwas von seinem Vermögen zu geben
她要求他给他们一些财产
sie hatte ihnen bereits vergeben
她已经原谅他们了
Die bösen Kreaturen rieben ihre Augen mit Zwiebeln
邪恶的生物用洋葱揉眼睛
um beim Abschied von der Schwester ein paar Tränen zu

vergießen
在与姐姐告别时强颜欢笑
aber ihre Brüder waren wirklich besorgt
但她的兄弟们确实很担心
Schönheit war die einzige, die keine Tränen vergoss
美女是唯一一个没有流泪的人
sie wollte ihr Unbehagen nicht vergrößern
她不想增加他们的不安
Das Pferd nahm den direkten Weg zum Palast
马直接走路去宫殿
und gegen Abend sahen sie den erleuchteten Palast
傍晚时分，他们看到了灯火通明的宫殿
das Pferd begab sich wieder in den Stall
马又回到了马厩
und der gute Mann und seine Tochter gingen in die große Halle
好心人和他的女儿走进大厅
hier fanden sie einen herrlich gedeckten Tisch
他们在这里找到了一张精心准备的桌子
der Kaufmann hatte keinen Appetit zu essen
商人没有胃口吃饭
aber die Schönheit bemühte sich, fröhlich zu erscheinen
但美丽却努力表现出快乐
sie setzte sich an den Tisch und half ihrem Vater
她坐在桌边，帮助父亲
aber sie dachte auch bei sich:
但她心里也在想：
„Das Biest will mich sicher mästen, bevor es mich frisst"
"野兽肯定想先把我养肥再吃掉我"
„deshalb sorgt er für so viel Unterhaltung"
"这就是为什么他提供如此丰富的娱乐"
Nachdem sie gegessen hatten, hörten sie ein großes Geräusch
吃完饭后，他们听到了巨大的响声

und der Kaufmann verabschiedete sich mit Tränen in den Augen von seinem unglücklichen Kind
商人含着泪水向不幸的孩子告别。
weil er wusste, dass das Biest kommen würde
因为他知道野兽即将来临
Die Schönheit war entsetzt über seine schreckliche Gestalt
美女被他可怕的外表吓坏了
aber sie nahm ihren Mut zusammen, so gut sie konnte
但她鼓起勇气
und das Monster fragte sie, ob sie freiwillig mitkäme
怪物问她是否愿意来
"ja, ich bin freiwillig gekommen", sagte sie zitternd
"是的，我自愿来的，"她颤抖着说
Das Tier antwortete: „Du bist sehr gut"
野兽回答说："你很厉害。"
„und ich bin Ihnen zu großem Dank verpflichtet, ehrlicher Mann"
"我非常感谢你，你是一个诚实的人。"
„Geht morgen früh eure Wege"
"明天早上走吧"
„aber denk nie daran, wieder hierher zu kommen"
"但永远不要再想来这里"
„Lebe wohl, Schönheit, lebe wohl, Biest", antwortete er
"再见，美女，再见，野兽。"他回答道
und sofort zog sich das Monster zurück
怪物立刻撤退了
"Oh, Tochter", sagte der Kaufmann
"哦，女儿，"商人说。
und er umarmte seine Tochter noch einmal
他再次拥抱了女儿
„Ich habe fast Todesangst"
"我快被吓死了"
„glauben Sie mir, Sie sollten lieber zurückgehen"
"相信我，你最好回去"

„Lass mich hier bleiben, statt dir"
"让我代替你留在这里"
„Nein, Vater", sagte die Schönheit entschlossen
美女坚决地说："不,爸爸。"
„Du sollst morgen früh aufbrechen"
"你明天早上就出发"
„überlasse mich der Obhut und dem Schutz der Vorsehung"
"让我接受上帝的照顾和保护"
trotzdem gingen sie zu Bett
尽管如此他们还是去睡觉了
Sie dachten, sie würden die ganze Nacht kein Auge zutun
他们以为自己一整晚都不会合眼
aber als sie sich hinlegten, schliefen sie ein
但当他们躺下时他们就睡着了
Die Schönheit träumte, eine schöne Dame kam und sagte zu ihr:
美女梦见一位美丽的女士来到她面前,对她说:
„Ich bin zufrieden, Schönheit, mit deinem guten Willen"
"我很满足,美女,有你的善意"
„Diese gute Tat von Ihnen wird nicht unbelohnt bleiben"
"你的善举不会得不到回报"
Die Schöne erwachte und erzählte ihrem Vater ihren Traum
美女醒来后告诉父亲她的梦
der Traum tröstete ihn ein wenig
这个梦让他稍感安慰
aber er konnte nicht anders, als bitterlich zu weinen, als er ging
但他临走时还是忍不住痛哭流涕
Sobald er weg war, setzte sich Schönheit in die große Halle und weinte ebenfalls
他一走,美女就坐在大厅里哭了
aber sie beschloss, sich keine Sorgen zu machen
但她决心不感到不安
Sie beschloss, in der kurzen Zeit, die ihr noch zu leben

blieb, stark zu sein
她决定在生命所剩无几的时间里保持坚强
weil sie fest davon überzeugt war, dass das Biest sie fressen würde
因为她坚信野兽会吃掉她
Sie dachte jedoch, sie könnte genauso gut den Palast erkunden
然而,她认为她最好去探索宫殿
und sie wollte das schöne Schloss besichtigen
她想看看美丽的城堡
ein Schloss, das sie bewundern musste
一座令她情不自禁赞叹的城堡
Es war ein wunderbar angenehmer Palast
这是一座令人愉悦的宫殿
und sie war äußerst überrascht, als sie eine Tür sah
她非常惊讶地看到一扇门
und über der Tür stand, dass es ihr Zimmer sei
门上写着这是她的房间
sie öffnete hastig die Tür
她急忙打开了门
und sie war ganz geblendet von der Pracht des Raumes
她被房间的华丽所震撼
was ihre Aufmerksamkeit vor allem auf sich zog, war eine große Bibliothek
最吸引她注意的是一座大图书馆
ein Cembalo und mehrere Notenbücher
一架大键琴和几本乐谱
„Nun", sagte sie zu sich selbst
"好吧,"她自言自语道。
„Ich sehe, das Biest wird meine Zeit nicht verstreichen lassen"
"我知道野兽不会让我的时间过得那么沉重"
dann dachte sie über ihre Situation nach
然后她反思了自己的处境

„Wenn ich einen Tag bleiben sollte, wäre das alles nicht hier"
"如果我只留下一天,这一切都不会发生"
diese Überlegung gab ihr neuen Mut
这种考虑激发了她新的勇气
und sie nahm ein Buch aus ihrer neuen Bibliothek
她从新图书馆里拿了一本书
und sie las diese Worte in goldenen Buchstaben:
她读到了金色大字:
„Begrüße Schönheit, vertreibe die Angst"
"欢迎美丽,驱逐恐惧"
„Du bist hier Königin und Herrin"
"你是这里的女王和女主人"
„Sprich deine Wünsche aus, sprich deinen Willen aus"
"说出你的愿望,说出你的意愿"
„Schneller Gehorsam begegnet hier Ihren Wünschen"
"快速服从在这里满足了你的愿望"
"Ach", sagte sie mit einem Seufzer
"唉,"她叹了一口气说。
„Am meisten wünsche ich mir, meinen armen Vater zu sehen"
"我最想见到的是我可怜的父亲"
„und ich würde gerne wissen, was er tut"
"我想知道他在做什么"
Kaum hatte sie das gesagt, bemerkte sie den Spiegel
她刚说完这句话,就注意到了镜子
zu ihrem großen Erstaunen sah sie ihr eigenes Zuhause im Spiegel
令她惊讶的是,她在镜子里看到了自己的家
Ihr Vater kam emotional erschöpft an
她父亲回来时已经精疲力尽
Ihre Schwestern gingen ihm entgegen
她的姐妹们去见他
trotz ihrer Versuche, traurig zu wirken, war ihre Freude

sichtbar
尽管他们试图表现出悲伤,但他们的喜悦是显而易见的
einen Moment später war alles verschwunden
片刻之后一切都消失了
und auch die Befürchtungen der Schönheit verschwanden
美丽的忧虑也消失了
denn sie wusste, dass sie dem Tier vertrauen konnte
因为她知道她可以相信野兽
Mittags fand sie das Abendessen fertig
中午时她发现晚饭已经做好了
sie setzte sich an den Tisch
她坐在桌边
und sie wurde mit einem Musikkonzert unterhalten
她欣赏了一场音乐会
obwohl sie niemanden sehen konnte
尽管她没看见任何人
abends setzte sie sich wieder zum Abendessen
晚上她又坐下来吃晚饭
diesmal hörte sie das Geräusch, das das Tier machte
这次她听到了野兽发出的声音
und sie konnte nicht anders, als Angst zu haben
她不禁感到害怕
"Schönheit", sagte das Monster
"美女,"怪物说
"erlaubst du mir, mit dir zu essen?"
"你允许我跟你一起吃饭吗?"
"Mach, was du willst", antwortete die Schönheit zitternd
"随你便吧。" 美女颤抖着回答
„Nein", antwortete das Tier
"不," 野兽回答道
„Du allein bist hier die Herrin"
"你才是这里的主人"
„Sie können mich wegschicken, wenn ich Ärger mache"

"如果我惹麻烦的话你可以把我打发走"
„schick mich fort, und ich werde mich sofort zurückziehen"
"送我走，我马上撤退"
„Aber sagen Sie mir: Finden Sie mich nicht sehr hässlich?"
"但是，告诉我；你不觉得我很丑吗？"
„Das stimmt", sagte die Schönheit
美女道："那倒是。"
„Ich kann nicht lügen"
"我不能撒谎"
„aber ich glaube, Sie sind sehr gutmütig"
"但我相信你心地很好"
„Das bin ich tatsächlich", sagte das Monster
"我确实是，"怪物说。
„Aber abgesehen von meiner Hässlichkeit habe ich auch keinen Verstand"
"但我除了丑之外，也没有智慧。"
„Ich weiß sehr wohl, dass ich ein dummes Wesen bin"
"我很清楚我是一个愚蠢的生物"
„Es ist kein Zeichen von Torheit, so zu denken", antwortete die Schönheit
"这样想并不愚蠢，"美女回答道
„Dann iss, Schönheit", sagte das Monster
"那就吃吧，美女。"怪物说
„Versuchen Sie, sich in Ihrem Palast zu amüsieren"
"在宫殿里尽情玩乐吧"
"alles hier gehört dir"
"这里的一切都是你的"
„Und ich wäre sehr unruhig, wenn Sie nicht glücklich wären"
"如果你不开心，我会很不安"
„Sie sind sehr zuvorkommend", antwortete die Schönheit
"你真好心，"美女回答道
„Ich gebe zu, ich freue mich über Ihre Freundlichkeit"
"我承认我对你的善意感到高兴"

„Und wenn ich über deine Freundlichkeit nachdenke, fallen mir deine Missbildungen kaum auf"
"当我想到你的善良时,我几乎没注意到你的缺陷"
„Ja, ja", sagte das Tier, „mein Herz ist gut
"是的,是的,"野兽说,"我的心是善良的
„Aber obwohl ich gut bin, bin ich immer noch ein Monster"
"尽管我很善良,但我依然是个怪物"
„Es gibt viele Männer, die diesen Namen mehr verdienen als Sie."
"有很多男人比你更配得上这个名字"
„und ich bevorzuge dich, so wie du bist"
"我更喜欢你本来的样子"
„und ich ziehe dich denen vor, die ein undankbares Herz verbergen"
"我更喜欢你,而不是那些心怀不轨的人"
"Wenn ich nur etwas Verstand hätte", antwortete das Biest
"要是我还有点理智就好了。"野兽回答道
„Wenn ich vernünftig wäre, würde ich Ihnen als Dank ein schönes Kompliment machen"
"如果我有理智,我会用赞美来感谢你"
"aber ich bin so langweilig"
"但我很无聊"
„Ich kann nur sagen, dass ich Ihnen zu großem Dank verpflichtet bin"
"我只能说我非常感谢你"
Schönheit aß ein herzhaftes Abendessen
美女吃了一顿丰盛的晚餐
und sie hatte ihre Angst vor dem Monster fast überwunden
她几乎已经克服了对怪物的恐惧
aber sie wollte ohnmächtig werden, als das Biest ihr die nächste Frage stellte
但当野兽问她下一个问题时,她想晕过去
"Schönheit, willst du meine Frau werden?"
"美女,你愿意做我的老婆吗?"

es dauerte eine Weile, bis sie antworten konnte
她过了一会儿才回答
weil sie Angst hatte, ihn wütend zu machen
因为她害怕惹他生气
Schließlich sagte sie jedoch "nein, Biest"
但最后她说"不，野兽"
sofort zischte das arme Monster ganz fürchterlich
这可怜的怪物立刻发出可怕的嘶嘶声
und der ganze Palast hallte
整个宫殿回响着
aber die Schönheit erholte sich bald von ihrem Schrecken
但美女很快就从恐惧中恢复过来
denn das Tier sprach wieder mit trauriger Stimme
因为野兽又用悲伤的声音说话了
„Dann leb wohl, Schönheit"
"那么再见了，美女"
und er drehte sich nur ab und zu um
他只是偶尔回头
um sie anzusehen, als er hinausging
在他出去的时候看着她
jetzt war die Schönheit wieder allein
现在美丽又孤单了
Sie empfand großes Mitgefühl
她感到十分同情
„Ach, es ist tausendmal schade"
"唉，真是可惜啊"
„Etwas, das so gutmütig ist, sollte nicht so hässlich sein"
"如此善良的事物不应该如此丑陋"
Schönheit verbrachte drei Monate sehr zufrieden im Palast
美女在宫中过得很满足
jeden Abend stattete ihr das Biest einen Besuch ab
每天晚上，野兽都会来拜访她
und sie redeten beim Abendessen
他们在晚餐时聊天

Sie sprachen mit gesundem Menschenverstand
他们说话有常识
aber sie sprachen nicht mit dem, was man als geistreich bezeichnet
但他们说话并不像人们所说的那样机智
Schönheit entdeckte immer einen wertvollen Charakter im Biest
美女总能发现野兽身上的某些宝贵品质
und sie hatte sich an seine Missbildung gewöhnt
她已经习惯了他的畸形
sie fürchtete sich nicht mehr vor seinem Besuch
她不再害怕他的到来
jetzt schaute sie oft auf die Uhr
现在她经常看手表
und sie konnte es kaum erwarten, bis es neun Uhr war
她迫不及待地等着九点
denn das Tier kam immer zu dieser Stunde
因为野兽从不会错过那个时刻
Es gab nur eine Sache, die Schönheit betraf
只有一件事与美丽有关
jeden Abend, bevor sie ins Bett ging, stellte ihr das Biest die gleiche Frage
每天晚上睡觉前，野兽都会问她同样的问题
Das Monster fragte sie, ob sie seine Frau werden wolle
怪物问她是否愿意成为他的妻子
Eines Tages sagte sie zu ihm: „Biest, du machst mir große Sorgen."
有一天她对他说："野兽，你让我很不安"
„Ich wünschte, ich könnte einwilligen, dich zu heiraten"
"我希望我能同意嫁给你"
„Aber ich bin zu aufrichtig, um dir zu glauben zu machen, dass ich dich heiraten würde"
"但我太真诚了，让你相信我会娶你"
„Unsere Ehe wird nie stattfinden"

"我们的婚姻永远不会实现"
„Ich werde dich immer als Freund sehen"
"我会永远把你视为朋友"
„Bitte versuchen Sie, damit zufrieden zu sein"
"请尽量对此感到满意"
„Damit muss ich zufrieden sein", sagte das Tier
"我必须对此感到满意，"野兽说
„Ich kenne mein eigenes Unglück"
"我知道我自己的不幸"
„aber ich liebe dich mit der zärtlichsten Zuneigung"
"但我以最温柔的感情爱你"
„Ich sollte mich jedoch als glücklich betrachten"
"但我应该认为自己很幸福"
"und ich würde mich freuen, wenn du hier bleibst"
"我很高兴你能留在这里"
„versprich mir, mich nie zu verlassen"
"答应我永远不要离开我"
Schönheit errötete bei diesen Worten
美女听了这些话脸红了
Eines Tages schaute die Schönheit in ihren Spiegel
有一天，美女看着镜子里的自己
ihr Vater hatte sich schreckliche Sorgen um sie gemacht
她的父亲为她操心
sie sehnte sich mehr denn je danach, ihn wiederzusehen
她比以往任何时候都渴望再次见到他
„Ich könnte versprechen, dich nie ganz zu verlassen"
"我可以保证永远不会离开你"
„aber ich habe so ein großes Verlangen, meinen Vater zu sehen"
"但我非常想见到我的父亲"
„Ich wäre unendlich verärgert, wenn Sie nein sagen würden"
"如果你拒绝我，我会非常难过"
"Ich würde lieber selbst sterben", sagte das Monster

"我宁愿自己去死。"怪物说
„Ich würde lieber sterben, als dir Unbehagen zu bereiten"
"我宁愿死,也不愿让你感到不安"
„Ich werde dich zu deinem Vater schicken"
"我会送你去见你父亲"
„Du sollst bei ihm bleiben"
"你应该和他在一起"
"und dieses unglückliche Tier wird stattdessen vor Kummer sterben"
"而这只不幸的野兽将会悲伤地死去"
"Nein", sagte die Schönheit weinend
美女哭着说:"不。"
„Ich liebe dich zu sehr, um die Ursache deines Todes zu sein"
"我太爱你了,所以不能成为你的死因"
„Ich verspreche Ihnen, in einer Woche wiederzukommen"
"我保证一周后回来"
„Du hast mir gezeigt, dass meine Schwestern verheiratet sind"
"你告诉我我的姐姐们都结婚了"
„und meine Brüder sind zur Armee gegangen"
"我的兄弟们都去参军了"
"Lass mich eine Woche bei meinem Vater bleiben, da er allein ist"
"让我和我父亲待一个星期,因为他一个人。"
"Morgen früh wirst du dort sein", sagte das Tier
"明天早上你就得去那里。"野兽说
„Aber denk an dein Versprechen"
"但要记住你的承诺"
„Sie brauchen Ihren Ring nur auf den Tisch zu legen, bevor Sie zu Bett gehen."
"你只需要在睡觉前把戒指放在桌子上"
"Und dann werdet ihr vor dem Morgen zurückgebracht"
"然后你会在早晨之前被带回来"

„Lebe wohl, liebe Schönheit", seufzte das Tier
"再见了,亲爱的美人。" 野兽叹息道
Die Schönheit ging an diesem Abend sehr traurig ins Bett
美女那天晚上很伤心地睡觉了
weil sie das Tier nicht so besorgt sehen wollte
因为她不想看到野兽如此担心
am nächsten Morgen fand sie sich im Haus ihres Vaters wieder
第二天早上,她来到了父亲的家
sie läutete eine kleine Glocke neben ihrem Bett
她按响了床边的一个小铃铛
und das Dienstmädchen stieß einen lauten Schrei aus
女仆尖叫起来
und ihr Vater rannte nach oben
她爸爸跑上楼
er dachte, er würde vor Freude sterben
他以为自己会高兴地死去
er hielt sie eine Viertelstunde lang in seinen Armen
他把她抱在怀里足足一刻钟
irgendwann waren die ersten Grüße vorbei
终于,第一声问候结束了
Schönheit begann daran zu denken, aus dem Bett zu steigen
美女开始想起床
aber sie merkte, dass sie keine Kleidung mitgebracht hatte
但她意识到自己没带衣服
aber das Dienstmädchen sagte ihr, sie habe eine Kiste gefunden
但女仆告诉她,她发现了一个盒子
der große Koffer war voller Kleider und Kleider
大箱子里装满了礼服和连衣裙
jedes Kleid war mit Gold und Diamanten bedeckt
每件礼服都镶满了黄金和钻石
Schönheit dankte dem Tier für seine freundliche Pflege
美女感谢野兽的善意照顾

und sie nahm eines der schlichtesten Kleider
她选了一件最朴素的衣服
Die anderen Kleider wollte sie ihren Schwestern schenken
她打算把其他的衣服送给她的姐妹们
aber bei diesem Gedanken verschwand die Kleidertruhe
但一想到这里，衣服箱就消失了
Das Biest hatte darauf bestanden, dass die Kleidung nur für sie sei
野兽坚称这些衣服只适合她
ihr Vater sagte ihr, dass dies der Fall sei
她父亲告诉她情况就是这样
und sofort kam die Kleidertruhe wieder zurück
衣服箱子立刻又回来了
Schönheit kleidete sich mit ihren neuen Kleidern
美女穿上新衣服
und in der Zwischenzeit gingen die Mägde los, um ihre Schwestern zu finden
与此同时，女仆们去找她的姐妹们
Ihre beiden Schwestern waren mit ihren Ehemännern
她的两个姐姐和她们的丈夫在一起
aber ihre beiden Schwestern waren sehr unglücklich
但她的两个姐妹都很不开心
Ihre älteste Schwester hatte einen sehr gutaussehenden Herrn geheiratet
她大姐嫁给了一位非常英俊的绅士
aber er war so selbstgefällig, dass er seine Frau vernachlässigte
但他太自私了，忽视了妻子
Ihre zweite Schwester hatte einen geistreichen Mann geheiratet
她的二姐嫁给了一个机智的男人
aber er nutzte seinen Witz, um die Leute zu quälen
但他用他的机智来折磨人
und am meisten quälte er seine Frau

他最折磨的是他的妻子
Die Schwestern der Schönheit sahen sie wie eine Prinzessin gekleidet
美女的姐妹们看到她穿得像个公主
und sie waren krank vor Neid
他们嫉妒得要死
jetzt war sie schöner als je zuvor
现在她比以前更美丽了
ihr liebevolles Verhalten konnte ihre Eifersucht nicht unterdrücken
她的亲热行为无法抑制他们的嫉妒
Sie erzählte ihnen, wie glücklich sie mit dem Tier war
她告诉他们她和这头野兽在一起有多开心
und ihre Eifersucht war kurz vor dem Platzen
他们的嫉妒心即将爆发
Sie gingen in den Garten, um über ihr Unglück zu weinen
他们走进花园,哭诉他们的不幸遭遇
„Inwiefern ist dieses kleine Geschöpf besser als wir?"
"这个小动物在哪些方面比我们优秀呢?"
„Warum sollte sie so viel glücklicher sein?"
"为什么她应该这么高兴?"
„Schwester", sagte die ältere Schwester
"姐姐," 姐姐说
„Mir ist gerade ein Gedanke gekommen"
"我突然想到了一个主意"
„Versuchen wir, sie länger als eine Woche hier zu behalten"
"我们试着让她在这里待一个多星期"
„Vielleicht macht das das dumme Monster wütend"
"也许这会激怒这个愚蠢的怪物"
„weil sie ihr Wort gebrochen hätte"
"因为她会食言"
"und dann könnte er sie verschlingen"
"然后他可能会吞噬她"
"Das ist eine tolle Idee", antwortete die andere Schwester

"这是个好主意，"另一个姐妹回答道
„Wir müssen ihr so viel Freundlichkeit wie möglich entgegenbringen"
"我们必须尽可能地向她表示善意"
Die Schwestern fassten den Entschluss
姐妹们下定决心
und sie verhielten sich sehr liebevoll gegenüber ihrer Schwester
他们对待姐妹非常亲热
Die arme Schönheit weinte vor Freude über all ihre Freundlichkeit
可怜的美人因他们的善意而喜极而泣
Als die Woche um war, weinten sie und rauften sich die Haare
一周结束后，他们哭了，扯着头发
es schien ihnen so leid zu tun, sich von ihr zu trennen
他们似乎很舍不得和她分开
und die Schönheit versprach, noch eine Woche länger zu bleiben
美女答应再呆一周
In der Zwischenzeit konnte die Schönheit nicht umhin, über sich selbst nachzudenken
与此同时，美女不禁反思自己
sie machte sich Sorgen darüber, was sie dem armen Tier antat
她担心自己对可怜的动物做了什么
Sie wusste, dass sie ihn aufrichtig liebte
她知道她真心爱他
und sie sehnte sich wirklich danach, ihn wiederzusehen
她真的很想再次见到他
Auch die zehnte Nacht verbrachte sie bei ihrem Vater
第十天晚上，她在父亲家也
sie träumte, sie sei im Schlossgarten
她梦见自己在宫殿花园里

und sie träumte, sie sähe das Tier ausgestreckt im Gras liegen
她梦见那头野兽躺在草地上
er schien ihr mit sterbender Stimme Vorwürfe zu machen
他似乎在用垂死的声音责备她
und er warf ihr Undankbarkeit vor
他指责她忘恩负义
Schönheit erwachte aus ihrem Schlaf
美女从睡梦中醒来
und sie brach in Tränen aus
她泪流满面
„Bin ich nicht sehr böse?"
"我是不是太坏了？"
„War es nicht grausam von mir, so unfreundlich gegenüber dem Tier zu sein?"
"我对这头野兽如此不友善，难道不是很残忍吗？"
„Das Biest hat alles getan, um mir zu gefallen"
"野兽为取悦我做了一切"
"Ist es seine Schuld, dass er so hässlich ist?"
"他这么丑是他的错吗？"
„Ist es seine Schuld, dass er so wenig Verstand hat?"
"他这么缺乏智慧，这是他的错吗？"
„Er ist freundlich und gut, und das genügt"
"他很善良，这就足够了"
„Warum habe ich mich geweigert, ihn zu heiraten?"
"我为什么拒绝嫁给他？"
„Ich sollte mit dem Monster glücklich sein"
"我应该对怪物感到高兴"
„Schau dir die Männer meiner Schwestern an"
"看看我姐姐们的丈夫"
„Weder Witz noch Schönheit machen sie gut"
"机智和英俊都不能使他们变得优秀"
„Keiner ihrer Ehemänner macht sie glücklich"
"她们的丈夫都没有让她们幸福"

„sondern Tugend, Sanftmut und Geduld"
"而是美德、温和的脾气和耐心"
„Diese Dinge machen eine Frau glücklich"
"这些东西让女人感到幸福"
„und das Tier hat all diese wertvollen Eigenschaften"
"而野兽拥有所有这些宝贵的品质"
„es ist wahr, ich empfinde keine Zärtlichkeit und Zuneigung für ihn"
"是的,我对他没有一丝感情。"
„aber ich empfinde für ihn die allergrößte Dankbarkeit"
"但我对他怀有最崇高的感激之情"
„und ich habe die höchste Wertschätzung für ihn"
"我非常尊重他"
"und er ist mein bester Freund"
"他是我最好的朋友"
„Ich werde ihn nicht unglücklich machen"
"我不会让他痛苦"
„Wenn ich so undankbar wäre, würde ich mir das nie verzeihen"
"如果我如此忘恩负义,我永远不会原谅自己"
Schönheit legte ihren Ring auf den Tisch
美女把戒指放在桌子上
und sie ging wieder zu Bett
然后她又去睡觉了
kaum war sie im Bett, da schlief sie ein
她刚上床就睡着了
Sie wachte am nächsten Morgen wieder auf
第二天早上她又醒了
und sie war überglücklich, sich im Palast des Tieres wiederzufinden
她欣喜若狂地发现自己身处野兽的宫殿
Sie zog eines ihrer schönsten Kleider an, um ihm zu gefallen
她穿上了她最漂亮的衣服来取悦他
und sie wartete geduldig auf den Abend

她耐心地等待着夜晚
kam die ersehnte Stunde
到了盼望的时刻
die Uhr schlug neun, doch kein Tier erschien
时钟敲响九点,却没有野兽出现
Schönheit befürchtete dann, sie sei die Ursache seines Todes gewesen
美女当时担心她是导致他死亡的原因
Sie rannte weinend durch den ganzen Palast
她哭着跑遍了宫殿
nachdem sie ihn überall gesucht hatte, erinnerte sie sich an ihren Traum
在到处寻找他之后,她想起了自己的梦
und sie rannte zum Kanal im Garten
她跑到花园里的运河
Dort fand sie das arme Tier ausgestreckt
她发现可怜的动物躺在那里
und sie war sicher, dass sie ihn getötet hatte
她确信自己已经杀死了他
sie warf sich ohne Furcht auf ihn
她毫无畏惧地扑向他
sein Herz schlug noch
他的心脏仍在跳动
sie holte etwas Wasser aus dem Kanal
她从运河里取了一些水
und sie goss das Wasser über seinen Kopf
她把水倒在他头上
Das Tier öffnete seine Augen und sprach mit der Schönheit
野兽睁开眼睛,对美丽说话
„Du hast dein Versprechen vergessen"
"你忘了你的承诺"
„Es hat mir das Herz gebrochen, dich verloren zu haben"
"失去你让我很伤心"
„Ich beschloss, zu hungern"

"我决定饿死自己"
„aber ich habe das Glück, Sie wiederzusehen"
"但我很高兴再次见到你"
„so habe ich das Vergnügen, zufrieden zu sterben"
"所以我很开心能心满意足地死去"
„Nein, liebes Tier", sagte die Schönheit, „du darfst nicht sterben"
"不，亲爱的野兽，"美女说，"你不能死。"
„Lebe, um mein Ehemann zu sein"
"活着做我的丈夫"
„Von diesem Augenblick an reiche ich dir meine Hand"
"从这一刻起，我将我的手交给你"
„und ich schwöre, niemand anderes als Dein zu sein"
"我发誓我只属于你"
„Ach! Ich dachte, ich hätte nur Freundschaft für dich."
"唉！我以为我对你只有友谊。"
"aber der Kummer, den ich jetzt fühle, überzeugt mich;"
"但我现在感受到的悲伤让我相信了这一点；"
„Ich kann nicht ohne dich leben"
"我不能没有你"
Schönheit hatte diese Worte kaum gesagt, als sie ein Licht sah
美女刚说完这些话，就看见一道光
der Palast funkelte im Licht
宫殿里灯火辉煌
Feuerwerk erleuchtete den Himmel
烟花照亮了天空
und die Luft erfüllt mit Musik
空气中充满着音乐
alles kündigte ein großes Ereignis an
一切都预示着某件大事
aber nichts konnte ihre Aufmerksamkeit fesseln
但没有什么能吸引她的注意力
sie wandte sich ihrem lieben Tier zu

她转向她亲爱的野兽
das Tier, vor dem sie vor Angst zitterte
她害怕的野兽
aber ihre Überraschung über das, was sie sah, war groß!
但她所看到的景象让她更加惊讶！
das Tier war verschwunden
野兽消失了
stattdessen sah sie den schönsten Prinzen
她看到的却是最可爱的王子
sie hatte den Zauber beendet
她已经结束了咒语
ein Zauber, unter dem er einem Tier ähnelte
咒语使他变得像野兽一样
dieser Prinz war all ihre Aufmerksamkeit wert
这位王子值得她全心全意关注
aber sie konnte nicht anders und musste fragen, wo das Biest war
但她忍不住问那只野兽在哪里
„Du siehst ihn zu deinen Füßen", sagte der Prinz
王子说："你看他就在你的脚下。"
„Eine böse Fee hatte mich verdammt"
"一个邪恶的仙女判了我死刑"
„Ich sollte diese Gestalt behalten, bis eine wunderschöne Prinzessin einwilligte, mich zu heiraten."
"我将保持这个样子，直到一位美丽的公主同意嫁给我"
„Die Fee hat mein Verständnis verborgen"
"仙女隐藏了我的理解"
„Du warst der Einzige, der großzügig genug war, um von meiner guten Laune bezaubert zu sein."
"你是唯一一个如此慷慨的人，被我的善良脾气所吸引"
Schönheit war angenehm überrascht
美女惊喜不已

und sie gab dem bezaubernden Prinzen ihre Hand
她向迷人的王子伸出了手
Sie gingen zusammen ins Schloss
他们一起进了城堡
und die Schöne war überglücklich, ihren Vater im Schloss zu finden
美女在城堡里找到父亲，欣喜若狂
und ihre ganze Familie war auch da
她的家人也在场
sogar die schöne Dame, die in ihrem Traum erschienen war, war da
就连梦中出现的那位美人也在场
"Schönheit", sagte die Dame aus dem Traum
"美女，"梦中的女士说
„Komm und empfange deine Belohnung"
"来领取你的奖励"
„Sie haben die Tugend dem Witz oder dem Aussehen vorgezogen"
"你更看重美德，而不是智慧或外表"
„und Sie verdienen jemanden, in dem diese Eigenschaften vereint sind"
"你值得拥有这些品质的人"
„Du wirst eine großartige Königin sein"
"你将会成为一位伟大的女王"
„Ich hoffe, der Thron wird deine Tugend nicht schmälern"
"我希望王位不会贬低你的美德"
Dann wandte sich die Fee an die beiden Schwestern
然后仙女转向两个姐妹
„Ich habe in eure Herzen geblickt"
"我看透了你们的内心"
„und ich kenne die ganze Bosheit, die in euren Herzen steckt"
"我知道你们心中充满的恶意"
„Ihr beide werdet zu Statuen"

"你们两个会变成雕像的"
„Aber ihr werdet euren Verstand bewahren"
"但你们要保持头脑清醒"
„Du sollst vor den Toren des Palastes deiner Schwester stehen"
"你应该站在你姐姐的宫殿门口"
„Das Glück deiner Schwester soll deine Strafe sein"
"你妹妹的幸福就是你的惩罚"
„Sie werden nicht in Ihren früheren Zustand zurückkehren können"
"你将无法回到以前的状态"
„es sei denn, Sie beide geben Ihre Fehler zu"
"除非你们双方都承认自己的错误"
„Aber ich sehe voraus, dass ihr immer Statuen bleiben werdet"
"但我预见到你们将永远是雕像"
„Stolz, Zorn, Völlerei und Faulheit werden manchmal besiegt"
"骄傲、愤怒、暴食和懒惰有时会被征服"
„aber die Bekehrung neidischer und böswilliger Gemüter sind Wunder"
"但嫉妒和恶意的心灵的转变是奇迹"
sofort strich die Fee mit ihrem Zauberstab
仙女立刻挥动魔杖
und im nächsten Augenblick waren alle im Saal entrückt
一瞬间，大厅里的所有人都被迷住了
Sie waren in die Herrschaftsgebiete des Fürsten eingedrungen
他们进入了王子的领地
die Untertanen des Prinzen empfingen ihn mit Freude
王子的臣民们热烈欢迎他
der Priester heiratete die Schöne und das Biest
牧师为美女和野兽举行了婚礼
und er lebte viele Jahre mit ihr

他和她一起生活了很多年
und ihr Glück war vollkommen
他们非常幸福
weil ihr Glück auf Tugend beruhte
因为他们的幸福建立在美德之上

Das Ende
结束

www.ingramcontent.com/pod-product-compliance
Lightning Source LLC
Chambersburg PA
CBHW011551070526
44585CB00023B/2550